Este libro pertenece a

....

© 2024, Editorial LIBSA
C/ Puerto de Navacerrada, 88
28935 Móstoles. Madrid
Tel. (34) 91 657 25 80
e-mail: libsa@libsa.es
www.libsa.es

ISBN: 978-84-662-4319-3

Derechos exclusivos de edición para todos los países de habla española

© Welbeck Children's Limited,
una sección de Welbeck Publishing Group

Texto original: © Anna Claybourne
Ilustraciones © Sarah Edmonds 2021

Traducción: Alberto Jiménez García
Título original: *All Things Change*

Queda prohibida, salvo excepción prevista en la ley, cualquier forma de reproducción, distribución, comunicación pública y transformación de esta obra sin contar con autorización de los titulares de la propiedad intelectual. La infracción de los derechos mencionados puede ser constitutiva de delito contra la propiedad intelectual (Art. 270 y ss. Código Penal). El Centro Español de Derechos Reprográficos vela por el respeto de los citados derechos.

DL: M-19102-2023

Todas las cosas cambian

ESCRITO POR
Anna Claybourne

ILUSTRACIONES DE
Sarah Edmonds

LIBSA

Contenido

Todo cambia	6
El Big Bang	8
Planetas que giran	10
Las estaciones	12
Del día a la noche	14
Los disfraces de la Luna	16
La vida secreta de las montañas	20
Nace una isla	22
El ciclo del agua	24
Quedarse de piedra	26
De barco a banco	28
Esculpir la tierra	30
Congelados	32
Las mareas	34
Un cielo que cambia	36

Los incendios	38	Vivir con el cambio	56
El cambio climático	40	Aceptar el cambio	58
Los ciclos de la vida	44	¿Cuánto tarda un cambio?	60
El secreto de las semillas	46	Glosario	62
De vuelta a la tierra	48	Índice	64
Evolución	50		
De joven a viejo	54		

Todo cambia

A todas horas, a nuestro alrededor, las cosas cambian. El día da paso a la noche, y la noche al día. La Luna cruza en su barca el cielo y cada noche nos muestra una cara un poco distinta. Las mareas suben y bajan, las plantas brotan y crecen y los pájaros salen del cascarón para ver el mundo por primera vez. Las estaciones se suceden y cada una de ellas nos trae cambios en el tiempo. Y todo nos ayuda a decidir qué hacer, adónde ir, mientras pasan los días, mientras pasan los meses.

Nuestro mundo, la Tierra, forma parte de una rueda de planetas que orbita sin pausa alrededor de un Sol ardiente. Y también nosotros cambiamos: cada día que pasa nos hacemos más viejos y aprendemos nuevas cosas, nos surgen nuevas ideas que alteran nuestro interior, a veces tan solo en una décima de segundo.

Incluso todo aquello que parece inmutable sufre cambios: las estrellas, las rocas y los continentes se mueven, se desplazan, se transforman, aunque no lleguemos a verlo con nuestros propios ojos. Para que algo ocurra, algo debe cambiar. ¡De hecho, si nada cambiase, no estaríamos aquí! Este libro explora los diversos tipos de cambio que existen y lo que implican.

El Big Bang

¿Te imaginas un cambio mayor que el de la *nada* que, de repente, se convierta en *todo*? Así creemos que nació el universo. Toda la materia se expandió a partir de un único punto del cual emanó una cantidad ingente de energía, una explosión que conocemos como Big Bang.

¿Qué es el universo?

El universo comprende todo lo que sabemos que existe, o que alguna vez existió: todo el espacio, todos los planetas, estrellas y lunas, la Tierra y todo lo que contiene, como las plantas, los animales y nosotros, los humanos. No es fácil entenderlo, pero el Big Bang fue el inicio del tiempo, del espacio y de todo en el universo. Antes, no había nada.

Desde entonces hasta hoy

Tras el Big Bang, todo el universo siguió en expansión, enfriándose y sin parar de cambiar. Tras unos 370 000 años, se empezaron a formar los átomos de materia. Esta materia se agrupó para componer las primeras estrellas, y esas estrellas se agruparon a su vez hasta formar grandes galaxias, como por ejemplo la nuestra, la Vía Láctea. Tras 9 000 millones de años, nuestra estrella particular, el Sol, comenzó a tomar forma.

En la actualidad, el universo aún continúa expandiéndose. Todo sigue alejándose, de manera veloz. Las estrellas viejas mueren y otras nuevas nacen.

¿Cómo lo sabemos?

El Big Bang es una teoría, basada en aquello que llegamos a ver de nuestro universo. Este sigue en expansión y enfriándose. Echando la vista atrás, los investigadores creen que todo surgió de un único punto, hace 13 800 millones de años.

También han detectado energía por todo el universo, lo que llaman radiación de fondo cósmica. Es el mismo tipo de energía que utilizan los microondas, las radios y los rayos X. Pero es muy débil. Es un eco de la enorme explosión de energía que dio pie al universo.

No podemos estar seguros del todo, porque no estuvimos allí. Pero es la mejor explicación que se ha encontrado.

Planetas que giran

Mientras lees esto, el planeta sobre el que estás sentado vuela por el espacio y orbita alrededor del Sol a 107 000 kilómetros por hora. Unos 30 kilómetros cada segundo. Al mismo tiempo, la Tierra gira sobre sí misma una vez cada 24 horas. Así que estás dando vueltas a la vez que giras alrededor del Sol, más rápido que el más rápido de los cohetes.

¿Por qué no te das cuenta?

No te das cuenta de todo ese movimiento porque tanto tú como la Tierra os movéis a la vez. Dado que os desplazáis a la misma velocidad te parece que no te mueves, como cuando viajas en un tren de alta velocidad o en un avión. Solo te darías cuenta del movimiento de la Tierra si hubiera un frenazo o un acelerón repentino.

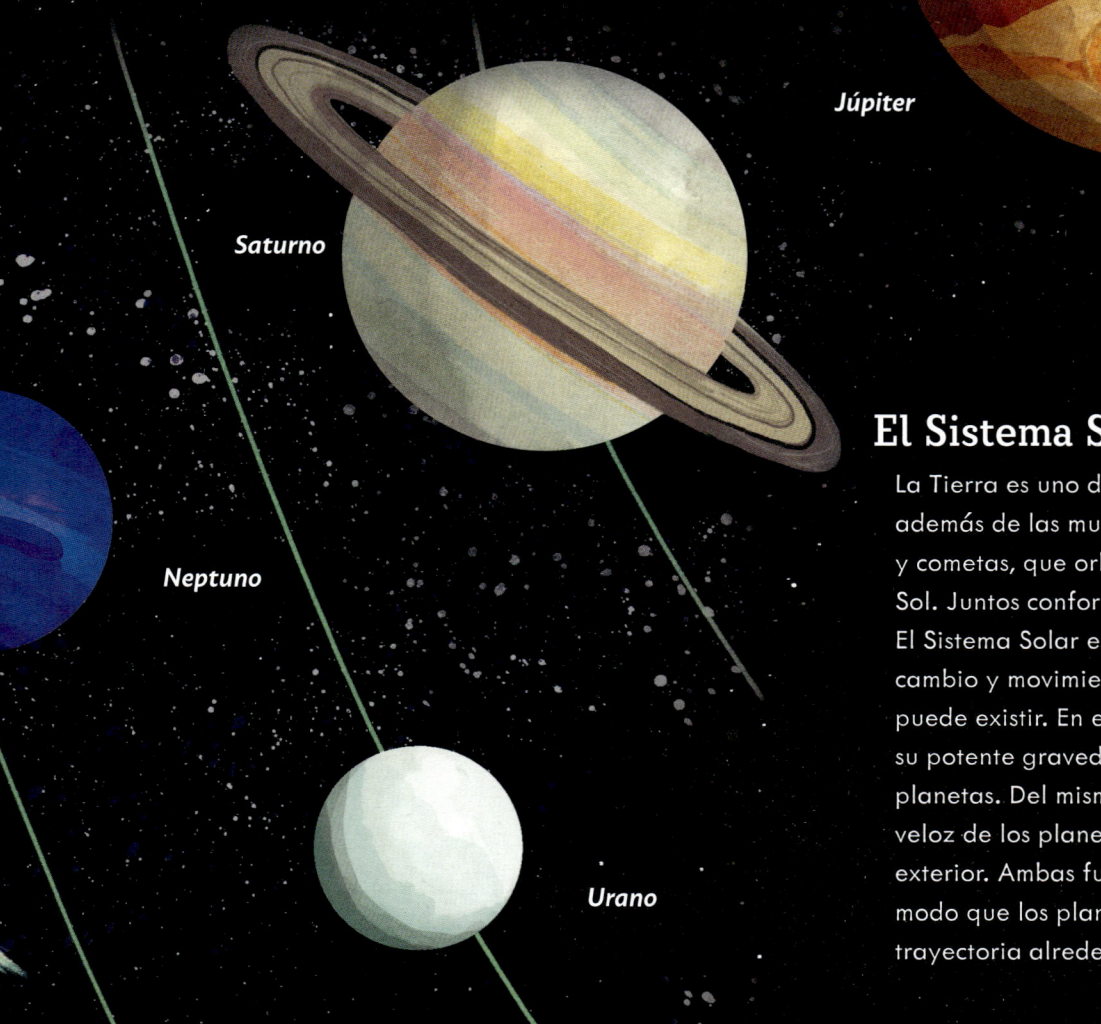

Asteroides

Júpiter

Saturno

Neptuno

Urano

El Sistema Solar

La Tierra es uno de los ocho planetas, además de las muchas lunas, asteroides y cometas, que orbitan alrededor del Sol. Juntos conforman el Sistema Solar. El Sistema Solar está en constante cambio y movimiento. Es más, solo así puede existir. En el centro, el Sol gira y su potente gravedad atrae hacia sí a los planetas. Del mismo modo, el movimiento veloz de los planetas los empuja hacia el exterior. Ambas fuerzas se equilibran, de modo que los planetas continúan con su trayectoria alrededor del Sol.

Las estaciones

Cuando llega el otoño, muchas hojas dejan el verde y pasan a ser amarillas, rojas o naranjas. Es una señal del cambio que conllevan las estaciones, y de que otro año pasó. Las estaciones marcan la pauta del año y programan nuestras celebraciones, vacaciones y actividades.

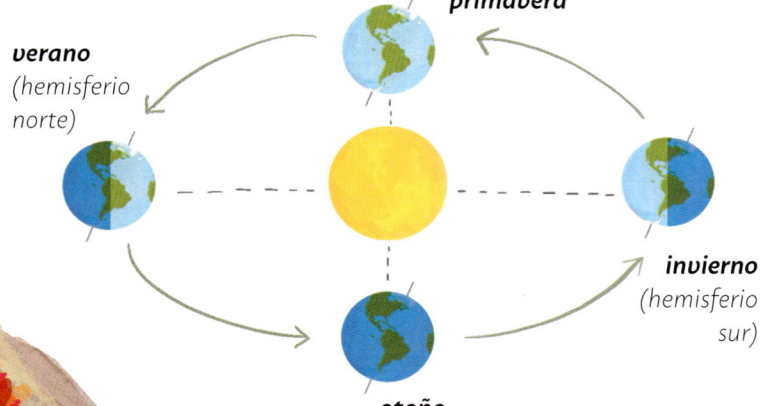

¿Por qué hay estaciones?

Hay estaciones porque la Tierra se inclina a la vez que orbita alrededor del Sol. Sus mitades norte y sur, es decir, los hemisferios, se inclinan por turnos hacia el Sol, y luego en dirección contraria. Cuando el hemisferio norte «se aparta» del Sol, allí será invierno, mientras que en el hemisferio sur —cuyo polo «mirará» al Sol— será verano. El ecuador recibe una cantidad parecida de luz solar durante todo el año. Cuanto más al norte o al sur te encuentres, con más fuerza sentirás las estaciones.

Cambios estacionales

El mundo puede parecer un lugar completamente distinto a lo largo de un solo año. El tiempo cambia de cálido a frío, y de frío a cálido. La luz solar también varía, y nos ofrece días más largos y luminosos en verano, y más cortos y oscuros en invierno.

A tu alrededor, la naturaleza cambia al ritmo de las estaciones. En primavera crecen las hojas de los árboles, luego vienen las flores, después la fruta en otoño. En invierno sus ramas quedan desnudas. Los animales ponen huevos y tienen a sus crías en primavera, porque con el buen tiempo las probabilidades de sobrevivir son mayores. Durante los meses fríos de invierno, los animales se esconden, hibernan o se cobijan en sus guaridas y madrigueras, cuando un manto de nieve cubre el suelo.

Las estaciones hace mucho, mucho tiempo

Hace miles de años, los humanos tenían que superar un largo y frío invierno sin mucha comida, deseando que llegase pronto la primavera. Aprendieron a leer los códigos de las estaciones, así que sabían cuándo iban a cambiar. Algunos pueblos construyeron círculos de piedra o arena para que les sirvieran de calendarios gigantes. Era la posición del Sol lo que les ayudaba a calcular la duración del día. Se diseñaron de manera que, en el día más corto y oscuro del invierno, los primeros rayos de sol al amanecer cruzaran una puerta o pasadizo. A partir de ese día, sabían que la primavera iría ganando terreno al invierno, poco a poco.

Amanecer en el día más corto del año en el círculo de Goseck, Alemania, 4 900 a.C.

Del día a la noche

Durante el día, el Sol inunda el cielo con su luz. Incluso cuando queda oculto por las nubes, es capaz de iluminar nuestro mundo. Pero cuando se hunde bajo el horizonte, el cielo se oscurece y este se adorna con el brillo de las estrellas, quizá cegadas por el resplandor de las ciudades. Mientras que muchas criaturas se acuestan, otras se preparan para aventurarse en la noche.

día

noche

Hacia la luz, hacia la sombra

Es la rotación de la Tierra lo que crea el día y la noche. Cuando el planeta gira sobre su eje, una parte se mueve en busca del Sol y hacia la luz, mientras que otra se aleja y atrapa la oscuridad. Cuando la zona donde te encuentras se desplaza hacia la luz, el Sol parece subir desde el horizonte. Cuando te alejas, parece que el Sol baja, se oculta.

Criaturas nocturnas

Los animales nocturnos duermen por el día y salen por la noche. De manera natural han evolucionado hasta ver bien en la oscuridad, o simplemente emplean su oído o su olfato para orientarse y cazar. Los murciélagos vuelan de noche y cazan polillas o mosquitos en plena oscuridad, mientras que otras criaturas se sienten más seguras, salen de sus refugios y se aventuran en la fría oscuridad para aprovisionarse de comida.

Los zorros merodean por las ciudades y las granjas, asaltando contenedores o gallineros.

Ritmo diario

Los humanos somos, sobre todo, diurnos; es decir, que estamos activos durante el día. Nos levantamos por la mañana, vamos al colegio o al trabajo, y hacemos cosas. Cuando llega la noche, bajamos el ritmo y descansamos. El sosiego de la oscuridad nos ayuda a conciliar el sueño. Cuando te tumbas y cierras los ojos, tu cerebro empieza a ignorar sonidos y sensaciones y pasas a un estado de inconsciencia. Cuando tu cuerpo descansa, tu cerebro indaga y ordena en tu memoria y decide qué recuerdos almacenar y cuáles debe olvidar. Y a la vez que eso sucede, comienzas a soñar...

Los cuervos se reúnen en bandadas y se posan en los árboles.

Algunas plantas cierran sus hojas o pétalos durante la noche, mientras que otras tienen flores que esperan a que caiga la noche para liberar su aroma.

Los patos duermen en el agua o en la orilla, con la cabeza doblada sobre la espalda.

Los disfraces de la Luna

Parece que la Luna flota por el cielo cada vez que la miramos, y cada vez con una forma un poco distinta. Pasa de ser una fina y delicada curva a un faro brillante y redondo, y luego decrece hasta desaparecer; y vuelta a empezar. Estas etapas se llaman las fases lunares.

¿Por qué cambia la Luna?

En realidad, la Luna no se hace ni más grande ni más pequeña, ni cambia su forma. Tan solo varía la manera en que la percibimos. Cuando se mueve alrededor de la Tierra, vemos las partes que el Sol ilumina. Parece que la Luna brilla, pero tan solo refleja la luz del Sol. Cuando queda detrás de la Tierra y frente al Sol, la vemos toda, bien redonda, sobre el cielo de la noche: es la luna llena.

Las fases de la Luna

cuarto creciente

creciente gibosa

creciente

luna llena

luna nueva

menguante gibosa

menguante

cuarto menguante

Noches a la luz de la Luna

La luna llena es hermosa y nos hipnotiza. Antes, cuando las ciudades carecían de luces nocturnas, solo la luz de la Luna iluminaba el terreno y permitía a las personas guiarse en la oscuridad. En una noche clara, se pueden ver los cráteres lunares y los «mares», las zonas planas. Ellos le dan a la Luna ese aspecto estampado, que durante miles de años los humanos hemos intentado desentrañar, como si pretendiera decirnos algo. Se quisieron ver en su superficie rostros y animales, o símbolos de dioses y diosas. A menudo, las celebraciones religiosas cuadran sus fechas a partir de las lunas llenas. Un ejemplo es el Festival de la Luna en China, que tiene lugar en una noche de luna llena al principio del otoño, para celebrar la cosecha.

Efectos lunares

La brillante Luna que vemos en el cielo influye, y mucho, en nuestro mundo. Condiciona el vaivén de los océanos: la luna llena da pie incluso a que los corales, en las aguas poco profundas, suelten sus huevos al mismo tiempo, lo que provoca algo muy parecido a una tormenta de nieve acuática. Los pájaros que migran pueden orientarse gracias a la luz de la Luna, y los ñus se sienten más seguros cuando el satélite «brilla» con fuerza, y vagan más lejos en busca de pasto, ya que pueden ver mejor si un león hambriento se acerca.

Nada es absoluto.
Todo cambia,
todo se mueve,
todo gira,
todo vuela y desaparece.

— FRIDA KAHLO, **ARTISTA**

Nada es permanente,
excepto el cambio.
— HERÁCLITO, **FILÓSOFO**

Nada cambia
hasta que algo se mueve.

— ALBERT EINSTEIN, **CIENTÍFICO**

La vida secreta de las montañas

Podrá parecer que las rocas «viven» eternamente... pero no. Como todo lo demás, las rocas cambian a lo largo del tiempo –de mucho, mucho tiempo–, pero las montañas nos sobrevivirán infinitamente después de que nos hayamos ido.

El rompecabezas terrestre

La corteza terrestre está compuesta de grandes zonas, también llamadas placas. Se sostienen sobre unas rocas calientes y parcialmente fundidas en el interior de la Tierra, y todas ellas encajan como las piezas de un puzle. Y se mueven poco a poco, de manera casi imperceptible pero sin descanso, al mismo ritmo al que crecen, por ejemplo, tus uñas.

Pliegues y fallas

En ciertos lugares, las placas terrestres chocan. La roca que las forma se aplasta, se ondula y se levanta. Así nacen las cordilleras, como el Himalaya, que tiene 50 millones de años de antigüedad. En otros sitios, las fallas en la superficie terrestre se abren y provocan que desciendan y emerjan grandes bloques de rocas.

El desgaste

Las rocas sufren un desgaste continuo, en especial en las partes más altas y frías de las montañas. El agua se cuela en los huecos, se congela y agrieta las rocas. El viento y la lluvia las golpean sin pausa. A este proceso de cambio lo llamamos erosión. La gravedad manda los fragmentos de roca montaña abajo, donde caen a los ríos y son transportados hasta el mar. Allí conforman el lecho marino a base de capas de arena, barro y guijarros. Poco a poco, esos pequeños trozos quedan aplastados y se endurecen hasta formar rocas sedimentarias.

Una fábrica de diamantes

En aquellos lugares donde las placas chocan, el calor y la presión transforman algunas rocas en otros tipos de materiales. El grafito —con el que se hace la mina de los lápices— cambia por completo bajo tierra hasta convertirse en el duro, transparente y resplandeciente diamante.

Reciclaje de rocas

Como las botellas y latas que reciclamos, las rocas viejas se rompen o se funden y así forman nuevas rocas en el interior de la Tierra. Es un proceso que tarda mucho, muchísimo. Cualquier roca o guijarro de los que te encuentres puede haber sido reciclado una y otra vez por nuestro planeta.

Nace una isla

Ya hemos descubierto cada rincón de tierra firme de este planeta… ¡hasta ahora! A veces, el mundo nos sorprende con una isla del todo nueva, creada por la erupción de un volcán submarino.

Una tierra nueva

El 14 de noviembre de 1963, el cocinero de un barco pesquero en el sur de Islandia avistó una columna de fuego que se alzaba desde el agua. Como pensó que se trataba de un pequeño bote en llamas, el barco puso rumbo hacia allá con el objetivo de prestar socorro. Sin embargo, la tripulación encontró un agua hirviente y burbujeante, de la superficie del mar salían humo y cenizas y unas rocas al rojo vivo centelleantes salían disparadas por el aire. Bajo el mar, un volcán entraba en erupción y comenzaba a formar una montaña de lava fría y cenizas.

La erupción duró casi cuatro años, y paró para cuando la nueva isla, que recibió el nombre de Surtsey, tenía unos 1,6 km de diámetro, con un pico de 174 metros de altura, tan alta como un rascacielos. Poco a poco, la hierba y otras plantas se han abierto camino sobre ella, y también los animales. Ningún humano vive allí, aunque los científicos la visitan para su estudio.

Nacida de un volcán

Toda porción de tierra se transforma lentamente a lo largo del tiempo. Sin embargo, las fuerzas volcánicas pueden hacer que cambie mucho, mucho más rápido. Cuando un volcán entra en erupción, la roca fundida caliente —la lava— es expulsada. Surge del interior de la Tierra, donde la temperatura es mucho más elevada que en la superficie. Cuando se encuentra con el aire o el agua, la lava se enfría y se endurece, y forma nuevas rocas volcánicas. Además de crear una nueva porción de tierra, las erupciones volcánicas pueden resultar muy, muy destructivas. En 1883, la isla volcánica Krakatoa, en Indonesia, estalló con violencia. Dos tercios de la isla quedaron destruidos y los engulló el océano.

capas de lava y ceniza

Chimenea de magma

chimenea secundaria

cámara de magma

El ciclo del agua

¿Alguna vez te has preguntado de dónde viene el agua? Toda el agua del planeta se encuentra en un proceso de cambio permanente y se mueve de un sitio a otro, una y otra vez, en un ciclo sin fin.

El agua se mueve

El agua cae desde las montañas en pequeños arroyos, que se juntan hasta formar ríos, que desembocan en lagos y océanos. Una pequeña parte de esta agua se evapora en el aire, en forma de niebla, rocío o nubes. Cae del cielo como lluvia o nieve, se filtra por el suelo y la absorben los árboles y las plantas, que la utilizan para crecer.

El vapor de agua se eleva hacia el cielo. A medida que sube y se enfría, se condensa en gotas de agua que forman las nubes.

El agua se evapora de ríos y mares con el calor del Sol, y se escapa de las hojas de las plantas.

El viento arrastra las nubes sobre la superficie. A medida que las nubes suben, se enfrían y las gotas de agua aumentan su tamaño.

La misma agua

En el ciclo del agua, este líquido se recicla una y otra vez. Cuando llenas un vaso con agua del grifo, a buen seguro esa agua ha estado yendo de un sitio a otro durante miles de millones de años. Las moléculas de agua que contiene el vaso habrán estado antes en dinosaurios, plantas y en otras personas antes de llegar a tu cuerpo, y también en ríos, lagos, nubes y océanos.

El agua cae en forma de lluvia, nieve o granizo. Desemboca en arroyos, que a su vez mueren en ríos; y los ríos, en el mar.

Parte del agua se filtra por las rocas subterráneas: son los acuíferos.

El agua, fuente de vida

Todo ser vivo necesita agua, no solo los humanos. Las plantas la absorben por sus raíces y la emplean para crecer y formar nuevas partes. En los animales, el agua llega y pasa por las células del cuerpo y constituye la mayor parte de nuestra sangre.

Quedarse de piedra

¿Cómo algo que está vivo se puede convertir en un fósil de piedra? Es algo que sucede muy lentamente, y que suele durar centenares o miles de años, y que deja un indicio de algo que existió en algún momento del tiempo...

La historia del cambio

Los fósiles nos muestran cómo ha cambiado la vida a lo largo de la historia. Nos enseñan criaturas que vivieron hace mucho, pero que ahora están extintas. Los amonites eran animales marinos prehistóricos, parecidos a los pulpos, pero con una concha estriada, similar a la de los caracoles. Cuando un amonite moría caía al lecho marino. Las partes blandas de su cuerpo se pudrían o eran comidas, y solo quedaba la concha. Poco a poco, sobre la concha se depositaban capas de barro o arena, que quedaban aplastadas hasta que se convertían en piedra. El agua que contenía rocas disueltas y minerales se filtraba por la piedra hasta la concha, y los minerales empezaron a acumularse en los pequeños huecos. En ocasiones, la auténtica concha se disolvía y solo quedaban las rocas o los minerales con la misma forma, como un molde.

CÓMO SE CONVIERTE EN FÓSIL UN AMONITE

el amonite muere

el caparazón queda enterrado en el lecho marino

Atrapados en el tiempo

Algunos fósiles se formaron al quedarse insectos atrapados en la resina pegajosa de los árboles, que se endureció hasta transformarse en ámbar. Se han preservado tan sumamente bien que podemos imaginar cómo volaban, incluso aunque hayan estado dentro de un pedazo de ámbar durante millones de años.

pterosaurio

Mitos fósiles

Desde la prehistoria se han encontrado fósiles y ningún pueblo sabía muy bien qué eran. Parecían ser plantas o animales, pero hechos de piedra. Por todo el mundo existen antiguas historias de dragones y gigantes, quizá inspirados en los huesos y esqueletos fosilizados de enormes dinosaurios y pterosaurios.

el caparazón se sustituye por minerales

De barco a banco

Este barco hundido ha vertido su cargamento de tesoros por el lecho marino. Algunos de los objetos hechos por los humanos aún brillan, pero el paso del tiempo ha castigado a otros y los ha cubierto de una capa de corrosivo óxido.

Oxidación

Desde hace siglos, este tesoro reposa en el fondo del mar. La sal y el oxígeno del agua reaccionan con todo aquello que contenga hierro, y lo recubre con una capa gruesa de óxido rojizo. La continua oxidación hace que el óxido se desprenda del metal y lo deteriore.

Otros metales se oxidan de diferentes maneras. El cobre y el bronce, por ejemplo, cambian de color con el tiempo, y se tornan de un bonito color azul verdoso, llamado pátina. Lo podrás ver en las esculturas de bronce y en algunos edificios y tejados.

Un cambio marino

Cuando un barco de acero se hunde, también se oxida y le crece alrededor una capa de óxido rojizo. Percebes, corales y lapas van apareciendo sobre los barcos hundidos, y los cubren de una colorida capa de vida. Los peces y otras criaturas marinas construyen sus hogares sobre el naufragio, para el disfrute de los buzos.

El oro no cambia

Algunos metales reaccionan con facilidad con su medio y se oxidan. Pero el oro es muy estable. Apenas reacciona con nada, de manera que mantiene su valor. Así que, aunque pase siglos bajo el mar, un tesoro de monedas de oro estará casi tan brillante como el primer día.

Esculpir la tierra

El agua de este río corre con suavidad. No parece algo que pueda dañar a una roca. Pero, con el tiempo, las olas y los ríos son capaces de esculpir y modelar la tierra a su paso.

Los valles excavados

A medida que el río fluye hacia el mar, arrastra suelo y rocas. En algunos lugares, si el suelo es blando o se disuelve con facilidad, el río continuará excavando la tierra. Cuantas más rocas se disuelven o despedazan, el río se las lleva, dando tumbos a las piedras, hasta dejarlas redondas y lisas, y depositarlas en el mar. Tras miles o millones de años, un río puede excavar un profundo valle, un cañón o un desfiladero. A menudo, se pueden observar las capas de roca en sus paredes.

Contra los acantilados

La marea sube y baja, y las olas llegan desde mar adentro y baten la costa sin cesar. Las olas van minando los acantilados hasta que se derrumban, pedacito a pedacito, o los erosionan en sus zonas bajas y esculpen cavernas. En algunos lugares, las olas se van comiendo poco a poco la línea de costa, y casas que fueron construidas tierra adentro acaban estando al filo de un acantilado, y en ocasiones llegan a caer al mar.

Gota a gota

En las cuevas de roca caliza, el agua se filtra por las rocas, y disuelve los minerales a su paso. Cae gota a gota desde la parte superior, y deja tras de sí una pequeña cantidad de caliza donde aterriza. Con el paso del tiempo, el goteo crea una especie de dedos de piedra colgantes –las estalactitas– y unas delgadas torres de piedra en el suelo: las estalagmitas.

Las estalactitas crecen de arriba a abajo.

Las estalagmitas crecen de abajo a arriba.

Piedras de bruja

Algunos guijarros están compuestos tanto de rocas duras como de rocas blandas. Cuando el agua se lleva la blanda, deja un agujero en la piedra. Se llaman piedras de bruja o piedras de serpiente, y se dice que estos guijarros tienen poderes mágicos.

Congelados

Durante la mayor parte del año, este lago estaba lleno de agua fluida. Si se lanzaba una piedra, en la superficie se generaban olas. Pero ahora todo ha cambiado. El agua se ha convertido en hielo sólido, resbaladizo y duro como una roca, tan compacto que podrías caminar sobre él.

Congelar y descongelar

El agua pasa de líquido a sólido según su temperatura. Cuando se enfría lo suficiente y alcanza los 0° C o menos, sus moléculas se enlazan en una retícula y se congelan hasta formar hielo. Cuando la temperatura sube, el agua de la superficie del hielo se convierte en agua. Se derrite y gotea, o se funde en charcos.

El hielo del mundo

El planeta es más frío en los polos norte y sur, y en las cimas de las montañas más altas. La mayoría del agua que allí se encuentra está en forma de hielo. Cuando cae la nieve, se acumula y comprime hasta formar hielo, y poco a poco se desliza montaña abajo como glaciar, un río de hielo. Cuando un glaciar llega al mar, se despedaza y se convierte en icebergs que vagan por los océanos.

Todo cambia

Estos cambios entre sólidos, líquidos y gases se llaman cambios de estado. Otras cosas también cambian su estado, ocurre a cada momento a nuestro alrededor. Fundimos vidrio, metales y plásticos para darles una forma útil, que al enfriarse se solidifican. Un hornillo para el camping quema gas, pero se almacena como líquido en la bombona. Puedes derretir mantequilla en una sartén, y chocolate en tu boca.

Cristales de hielo

Los copos de nieve se forman cuando el vapor de agua se congela alrededor de una mota de polvo o de polen que flota en la atmósfera. Las moléculas de agua se reordenan en una estructura hexagonal sobre la diminuta partícula y el copo crece según cae al suelo. Por las condiciones en las que se genera, cada copo de nieve es completamente único.

Las mareas

En solo unas pocas horas, esta playa quedará bajo el agua. Despacio, poco a poco, el mar irá subiendo, avanzando por la orilla y cubriendo la arena. A continuación, al mismo ritmo, retrocederá hasta devolvernos una playa reluciente.

Flujo y reflujo

Por todo el mundo, las mareas suben y bajan dos veces al día. El agua del mar cubre y descubre el terreno, entra y sale, como si el mar respirase. Cuando la marea se desliza sobre una playa arenosa, esponja la arena, deshace tus castillos y túneles, se lleva las huellas en la orilla y cualquier inscripción que hayas escrito. Cuando baja, deja atrás pequeñas conchas, guijarros y diminutos trozos de vidrio y madera que las olas llevan hasta la playa.

Pozas entre las rocas

La marea alta rellena los huecos entre las rocas de la costa con su agua salada. Cuando se retira deja atrás unas pequeñas pozas donde algunos seres marinos se sienten como en casa.

pececillos   *gusanos de mar*   *cangrejo*

¿Qué provoca las mareas?

Es la Luna la que genera las mareas. Nuestro satélite, como la Tierra, tiene su propia gravedad o fuerza de atracción. La ejerce sobre el mar, al que hace «abombarse». La Tierra no cesa de girar, lo que origina el día y la noche. Cuando el lugar donde te hallas pasa por delante de la Luna, el movimiento del agua crea una marea alta.

Vida en la orilla del mar

El cambio constante en la orilla del mar, causado por el ir y venir de las mareas, genera mucha vida. Cuando la marea baja, las almejas y los gusanos excavan en la arena para estar a salvo y mantenerse húmedos. Las gaviotas usan sus largos picos para remover el suelo y encontrarlos. Las lapas pegan sus conchas en las rocas y se esconden dentro.

Cuando la marea sube, las algas encina de mar flotan en la superficie y utilizan su vesículas llenas de gas para captar el sol. Los percebes abren sus conchas y extienden sus tentáculos para encontrar alimento. Los caracoles marinos salen de sus conchas y las estrellas de mar se desplazan por el fondo.

Un cielo que cambia

Siempre que sales de casa, sobre tu cabeza te espera arriba el infinito del cielo. Es como un estadio gigante del cambio, donde actúan la luz, el color, las nubes, las tormentas y la lluvia. En tan solo un día, el cielo nos puede mostrar varias caras: desde mil y un matices de azul, hasta incontables nubes grises que parecen amenazarnos.

Nubes que se acercan

El día puede empezar con un cielo azul, de esos que prometen una mañana soleada de verano. Pero, a lo lejos, unas nubes se asoman en el horizonte, y se amontonan en una torre mullida y oscura, que aventura movimientos. El viento sopla y acerca las nubes, y comienzas a sentir el frescor de la brisa. De pronto, cae un chaparrón. Surge de la tierra un olor cálido, a la par que el suelo, aún caliente y polvoriento, se moja. ¡BUM! Los relámpagos iluminan el cielo gris y el sonido del trueno alcanza tus oídos unos segundos después.

Al final, la tormenta amaina. Las últimas nubes se alejan mientras dejan caer sus últimas gotas. El Sol reaparece en el cielo. Brillando entre la lluvia que agoniza, los rayos de luz se dividen y forman un hermoso arcoíris.

La atmósfera dispersa la luz del Sol, y hace que todo el cielo parezca azul.

¿Por qué cambia el tiempo?

El cielo que vemos sobre nosotros es la atmósfera, la capa de aire que rodea la Tierra. Este aire se calienta sin cesar por los rayos de Sol, y según el paso del día, de la noche y de las estaciones. El aire más caliente asciende y se expande, y encuentra corrientes de aire más frías en su continuo girar alrededor del planeta. La atmósfera también contiene vapor de agua, y cuando el aire se enfría, esta agua forma nubes, que luego traerán lluvia, nieve o granizo. Hay tormentas cuando el hielo y las gotas de las nubes chocan, y crean una carga eléctrica.

Cuentos del arcoíris

Cuando el Sol atraviesa las gotas de lluvia, estas dividen su luz en un espectro de colores, y forman un arcoíris. En la mitología noruega, el arcoíris es un puente que une la Tierra con Asgard, la morada de los dioses. En las leyendas de los aborígenes australianos, la Serpiente Arcoíris, que creó la Tierra, se arquea por el cielo mientras serpentea de una charca a otra.

Los incendios

En el cálido y asfixiante verano, los árboles y la hierba se secan y pueden quemarse con facilidad. Las llamas se extienden rápido, y generan un incendio voraz que pone en peligro las vidas y los hogares de todos allá por donde pasa.

Unas chispas destructivas

Una chispa despedida desde una hoguera o una cerilla puede dar comienzo a un incendio forestal. Pero también pueden surgir de manera natural, prendidos por un rayo o por el calor extremo del Sol. Cuando se desata un incendio, se extiende por las copas de los árboles y genera calor y más calor. El viento agita las chispas, que llevan el fuego cruzando carreteras y ríos. Los animales huyen del calor excavando en el suelo, volando por al aire o, simplemente, corriendo para salvar sus vidas. Cuando el fuego se extingue, aparece un paisaje ennegrecido y calcinado.

El fuego purificador

Un incendio forestal también es parte del ciclo natural del cambio. Siempre ha habido incendios en la naturaleza, y aunque quemen árboles, mantienen los bosques saludables y robustos. El fuego elimina la madera vieja y muerta y las hojas caídas. Las transforma en ceniza, que contiene sustancias químicas muy aprovechables que enriquecen el suelo y lo hacen más fértil. Acaba con enfermedades dañinas de los árboles y deja espacio para que entre la luz solar, de manera que puedan brotar nuevos árboles. Por desgracia, el cambio climático está causando incendios mayores y más frecuentes, y deja cada vez espacios más reducidos para el desarrollo de la naturaleza.

¿Qué sucede cuando algo se quema?

Cuando algo se quema, cambia. De hecho, en gran parte desaparece. Cuando arde un combustible como la madera, las sustancias químicas del combustible se descomponen y reaccionan con el oxígeno del aire. Esto genera nuevas sustancias químicas, sobre todo vapor de agua y dióxido de carbono. Son gases invisibles y se disuelven en el aire. La quema libera energía en forma de luz y de calor. Al final, lo que quedan son cenizas grises y polvorientas.

Un nacimiento ardiente

Algunos árboles resisten el fuego: aunque parezcan quemarse, no tardarán en brotar y crecer, cuando las llamas se van. El pino de Labrador de Norteamérica tiene conos especiales, llamados seratinosos. Están totalmente sellados hasta que el calor de un incendio los abre y sueltan sus semillas.

El cambio climático

Durante los últimos 200 años, el clima de la Tierra se ha ido calentando debido a la actividad humana. Como consecuencia, esto nos deparará más cambios.

Cambios naturales

El clima es el tiempo que se repite, que es habitual, en un determinado lugar, bien sea en un pequeño pueblo o en todo el planeta. Con el paso del tiempo, el clima de nuestro planeta cambia. Sabemos que el clima de la Tierra ha tenido épocas mucho más cálidas y más frías, congeladas incluso: las edades de hielo o glaciaciones.

Del calor...

Hace 55 millones de años, la temperatura media de la Tierra era de unos 23 °C, 7 °C más que en la actualidad. No había hielo y el nivel del mar era unos 60 metros más alto que el actual. En la Antártida hacía calor y había plantas y animales.

...al frío

La parte más fría de la anterior glaciación ocurrió hace 20 000 años, con una temperatura media de 6 °C, 10 °C menos que en la actualidad. Inmensas cantidades de agua se helaron en los polos norte y sur, en los glaciares y en las montañas más altas. Por entonces, los continentes de Norteamérica y Asia aún estaban conectados.

Calentamiento global

En la actualidad, el planeta se está calentando de nuevo, pero el modo de vida de los humanos provoca que este proceso ocurra a mayor velocidad. Nuestros motores, nuestras máquinas y centrales de energía queman grandes cantidades de combustible y emiten dióxido de carbono a la atmósfera. Cuando los animales de las granjas digieren su comida, emiten gas metano. Son gases de efecto invernadero. Retienen el calor del Sol en la atmósfera, lo que provoca que el planeta se caliente.

Los cambios que vienen

El incremento en la temperatura de la Tierra está causando otros tipos de cambio, como la subida del nivel del mar, metereología extrema, y la extensión de áreas secas y más cálidas, donde los cultivos no pueden crecer. Los cambios veloces en los hábitats naturales dificultan la adaptación de los seres vivos, así que todos debemos contribuir para que el calentamiento global se frene.

Cuando llegas
 a un lugar duro
  y todo parece
   ir en tu contra...
no te rindas,
 porque ese es el momento
  y el lugar en el que
   cambiará la marea.

— HARRIET BEECHER STOWE, **ESCRITORA**

No podemos dirigir el viento, pero podemos orientar las velas.

— DOLLY PARTON, **CANTANTE Y COMPOSITORA**

Todo cambia, incluso las piedras.

— CLAUDE MONET, **PINTOR**

Los ciclos de la vida

Estar vivo significa estar en un ciclo constante de cambio. Todos los seres vivos crecen, cambian y dan vida a la siguiente generación, una y otra vez.

Ciclos sin fin

Cada planta, animal o criatura comienza a vivir, crece hasta llegar a adulto. Luego se reproducirá, o tendrá crías, para hacer más seres vivos como él o ella mismos. Por último, envejece y muere, y la nueva generación repite el ciclo. Así es como las especies de los seres vivos continúan existiendo. Cualquier ser vivo en el que puedas pensar, desde una bacteria u hongo, hasta un leopardo de las nieves, un rosal o tú mismo, se encuentra en un punto concreto de su ciclo vital.

Transformación

Los humanos y demás mamíferos nacen pequeños y crecen, pero mantienen una forma parecida a lo largo de sus vidas. Algunas criaturas, sin embargo, cambian radicalmente. Este tipo de cambio se llama metamorfosis.

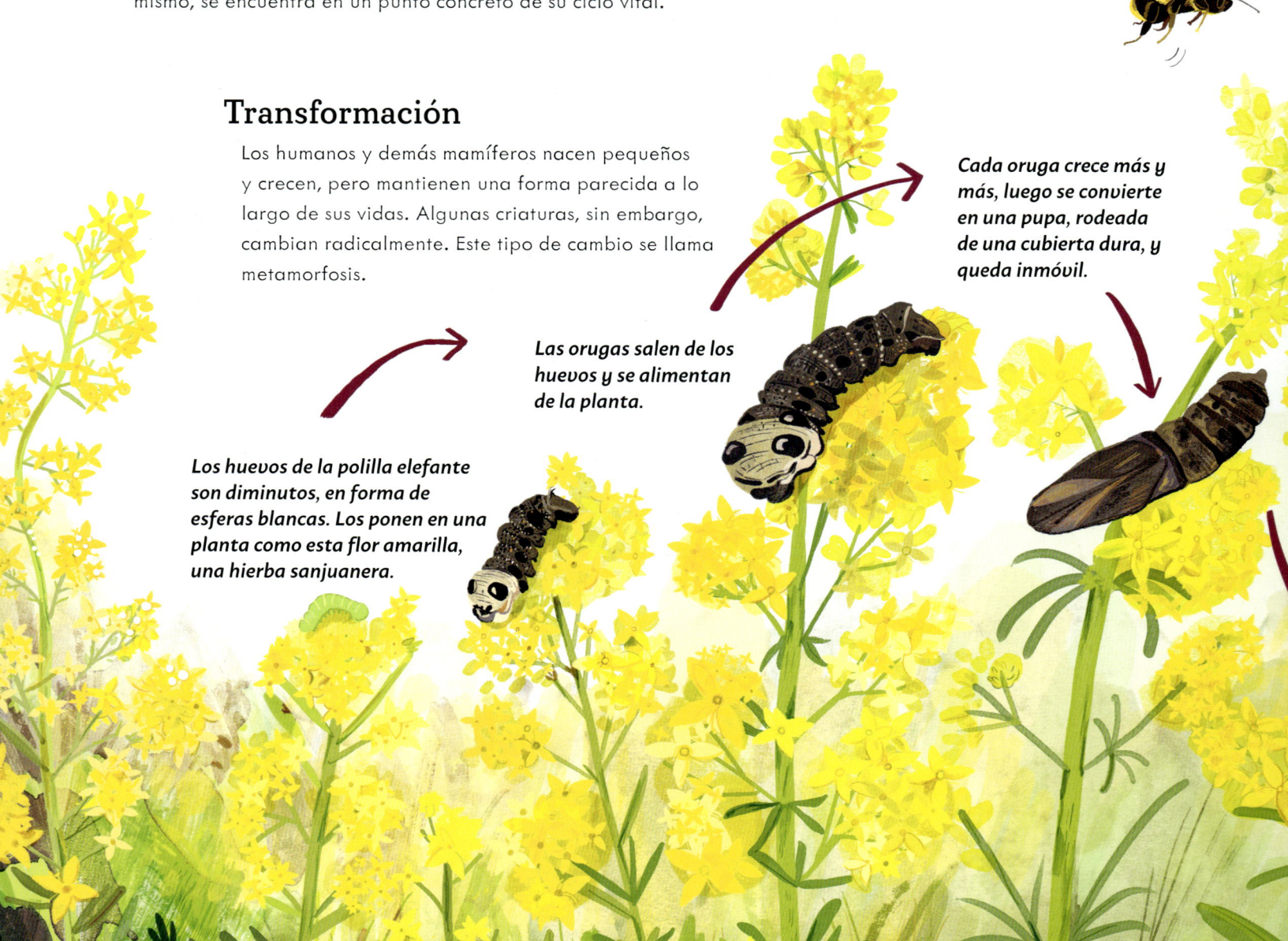

Los huevos de la polilla elefante son diminutos, en forma de esferas blancas. Los ponen en una planta como esta flor amarilla, una hierba sanjuanera.

Las orugas salen de los huevos y se alimentan de la planta.

Cada oruga crece más y más, luego se convierte en una pupa, rodeada de una cubierta dura, y queda inmóvil.

Tipos de ciclos vitales

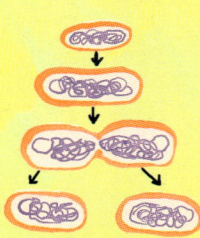

Las bacterias se reproducen creciendo primero, y luego se dividen en dos partes.

Una hidra es una diminuta criatura marítima que tiene sus crías por gemación. Una cría de hidra surge o crece a partir de una más grande, luego se separa.

Los huevos de la rana eclosionan y dan lugar a renacuajos, que poco a poco pierden su cola y crecen hasta convertirse en ranas adultas.

Los pájaros ponen huevos, y la cría se desarrolla dentro antes de eclosionar y crecer hasta llegar a adulta.

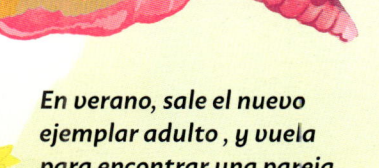

En verano, sale el nuevo ejemplar adulto, y vuela para encontrar una pareja.

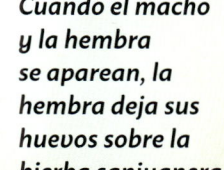

Cuando el macho y la hembra se aparean, la hembra deja sus huevos sobre la hierba sanjuanera.

Dentro, la oruga no se conforma con sacar unas alas y otras partes de una polilla. Su cuerpo se descompone por completo, y se transforma en una especie de masa gelatinosa. Todas las sustancias químicas de su cuerpo se recomponen para formar una nueva polilla adulta.

Pasa el invierno en ese estado, en el suelo bajo la planta.

El secreto de las semillas

Una diminuta semilla puede cambiar y crecer hasta convertirse en algo tan grande, alto y fuerte como un roble. Pero esto necesita de mucha luz, aire, agua y tiempo (y mucha suerte).

El tiempo tiene razón

Una semilla, como la bellota, puede esperar mucho tiempo hasta que obtenga lo que necesita para empezar a crecer. Cuando hace bueno y hay suficiente Sol, y el terreno está húmedo, la bellota germina y su raíz crece hacia el suelo, y otra parte crece hacia el cielo. Utiliza la energía del Sol, el agua del suelo y el dióxido de carbono del aire para crecer.

A los cinco años, es un árbol joven. A los 30 o 40 años, es un roble adulto. A partir de entonces, al árbol le crecen unos amentos peludos que cuelgan y flores diminutas en forma de capullo que se convertirán en más bellotas, de las que nacerán más robles. Durante cientos de años, crecen y caen millones de bellotas.

Roble viejo

Unos 600 o 700 años después, el roble es ya un árbol viejo. Produce menos bellotas, pero su tronco sigue creciendo cada año. El tronco de un roble antiguo puede ser tan ancho como una casa. A medida que un roble crece, se convierte en el hogar de pájaros, insectos y otros animales. Las hormigas hacen nidos entre las raíces, los escarabajos excavan bajo la corteza y los petirrojos y arrendajos anidan en las ramas.

Anillos de los árboles

Cada primavera, un árbol crea una nueva capa de madera alrededor de su tronco. En otoño, el crecimiento se ralentiza y se forma una madera más dura y oscura. Un anillo claro y un anillo oscuro equivalen a un año de crecimiento, lo que nos muestra un registro del cambio de las estaciones. Así es como se forman los anillos de los árboles.

De vuelta a la tierra

Cuando un ser vivo muere, su cuerpo vuelve a la tierra, donde pasa a formar parte de un ciclo de vida mayor. Crecimiento y descomposición son dos caras de la misma moneda en el suelo de este bosque, donde la muerte de una criatura puede contribuir a la vida de otra.

Ciclo de la vida

Cuando los cuerpos se pudren, se descomponen en sus ingredientes básicos. Estos ingredientes se convierten en nutrientes útiles para el suelo, y lo hacen más rico y fértil. Las plantas absorben los nutrientes, lo que les ayuda a crecer. Las mismas plantas se convierten en alimento para los animales que, a su vez, son devorados por otros animales. Estos nutrientes se mueven de un lado a otro, pasando por muchos seres vivos diferentes a lo largo del tiempo.

Las hienas, los cuervos y los buitres son carroñeros que se alimentan de animales muertos o carroña. Los carroñeros ayudan a descomponer los cadáveres, y además también excretan algunos nutrientes.

Descomponedores

Los seres vivos llamados descomponedores se alimentan de plantas y animales muertos, y ayudan a su desintegración. Si no fuera por ellos, la materia vegetal y animal muerta se acumularía en la superficie de la Tierra.

Putrefacción

Si dejas comida tirada durante mucho tiempo, ciertos hongos o bacterias la encontrarán y empezarán a crecer, pudriéndola y haciendo que huela mal. Esto no será bueno para ti, pero si pones los restos de fruta y verdura en un montón de compost, las lombrices y otros organismos los convertirán en un fértil abono que hará las delicias de las plantas.

Las bacterias crecen en plantas y animales muertos. Liberan sustancias químicas que descomponen y disuelven su alimento, de modo que pueden absorber las sustancias químicas que necesitan. El resto se desintegra.

Entre los hongos se encuentran las setas y el moho. Crecen en plantas, troncos y animales muertos y en descomposición, y se introducen en ellos con sus diminutas raíces filiformes, y hacen que se desintegren poco a poco en el suelo.

Las lombrices y los gusanos se alimentan de hojas muertas y materia en descomposición del suelo. Esta pasa a través de sus cuerpos y sale en forma de heces, que enriquecen el suelo.

Evolución

Por los fósiles sabemos que, hace mucho tiempo, la vida en la Tierra era muy distinta de como es ahora. Esto se debe a que, desde que la vida comenzó, ha ido cambiando a lo largo de miles de millones de años, en un proceso llamado evolución.

¿Cómo empezó la vida?

Todos los seres vivos de la Tierra evolucionaron a partir de una célula primitiva, conocida como LUCA (*Last Universal Common Ancestor*, en inglés). Este primer ser vivo debió de aparecer hace unos cuatro mil millones de años. Nadie sabe muy bien de dónde salió, pero pudo formarse en un respiradero de las profundidades submarinas rodeado de minerales o en un charco de lodo burbujeante.

Algunas criaturas fueron antaño más grandes de lo que son hoy. La libélula gigante Meganeura vivió hace unos 300 millones de años y tenía una envergadura de más de 70 cm.

Cómo evoluciona la vida

Los seres vivos están formados por células que contienen genes, unas cadenas de información que controlan su crecimiento y funcionamiento. Todos los seres vivos pueden reproducirse o copiarse a sí mismos. Cuando lo hacen, pasan sus genes a las nuevas células. Durante este proceso pueden producirse ligeros cambios, que a menudo no suponen ninguna diferencia, pero a veces cambian algo en el ser vivo: su tamaño, color o forma, por ejemplo. Si un cambio facilita la supervivencia de un ser vivo, vivirá más tiempo y transmitirá este cambio útil a su descendencia. Esto puede dar lugar a un nuevo tipo de ser vivo, que con el tiempo se convierte en una nueva especie independiente. A lo largo de miles de millones de años, esto ha ocurrido en infinidad de ocasiones. Así es como un solo ser vivo evolucionó hasta convertirse en todas las increíbles y variadas formas de vida que existen hoy en día.

tetrápodo

Una cronología humana

Como todo lo que vive hoy, los humanos evolucionamos a través de millones de pequeños cambios. Nuestra especie lleva aquí solo 300 000 años, un tiempo minúsculo comparado, por ejemplo, con el de los dinosaurios.

primeras criaturas multicelulares
hace 2 100 millones de años

primeros animales
hace 610 millones de años

tetrápodos cuadrúpedos que se desplazaron a tierra firme
hace 395 millones de años

peces
hace 505 millones de años

reptiles
hace 340 millones de años

primeros mamíferos (pequeñas criaturas parecidas a las ratas)
hace 220 millones de años

grandes mamíferos parecidos a los monos
hace 79,6 millones de años

simios arborícolas
hace 63 millones de años

simios que caminaban erguidos sobre el suelo
hace 20 millones de años

primeros humanos
hace 2,5 millones de años

Los dinosaurios vivieron desde hace 243 millones de años hasta hace 66 millones de años. Mira cómo este dinosaurio evolucionó hasta convertirse en un ave.

dinosaurio terópodo

archaeopteryx (se cree que fue la primera ave)

pájaro

El árbol de la vida

La evolución ha creado un patrón en forma de árbol, que también recibe el nombre de «árbol de la vida». Cada vez más especies nuevas se han ido separando, como las ramas de un árbol. Mientras algunas mueren, otras siguen creciendo y dan lugar a nuevas ramas.

El cambio no llegará si esperamos que lo haga otra persona o sea en otro momento. Somos los únicos que hemos esperado. Somos el cambio que esperamos.

— BARACK OBAMA, **EX PRESIDENTE DE LOS ESTADOS UNIDOS**

Para propiciar el cambio no debes tener miedo de dar el primer paso.

— ROSA PARKS, **ACTIVISTA POR LOS DERECHOS HUMANOS**

Y el cambio está a las puertas, lo queráis o no.

— GRETA THUNBERG, **ACTIVISTA POR EL CLIMA**

De joven a viejo

Cuando los humanos nacemos, dependemos de los demás para estar seguros y prosperar. Pasar de niño a adulto lleva años de cambio, aprendizaje y crecimiento. Después también seguimos cambiando.

Crecer

A medida que los niños se hacen mayores, sus huesos crecen, y se hacen más altos. La mayoría de las personas alcanzan su estatura adulta entre los 15 y los 18 años. Se desarrollan más células corporales para fabricar más piel y músculos. El cuerpo de los adolescentes también cambia según maduran. Pero el cerebro humano no es del todo adulto hasta los 25 años.

Los tiernos bebés

Los recién nacidos necesitan que alguien cuide de ellos, les dé de comer y los abrigue. A medida que crecen, los bebés miran, tocan y agarran todo lo que pueden. Se contorsionan, ruedan, gatean y al fin aprenden a andar y a hablar. Todo lo que hacen, sienten y experimentan ayuda a su cerebro a crecer, y así aprenden sobre el mundo.

Te haces más pequeño

Es probable que, entre los 30 y los 70 años, pierdas entre uno y dos centímetros de altura, y que después encojas aún más. Esto ocurre porque los huesos de las piernas se desgastan en los extremos y los huesos de la espalda se aplastan.

Viejo y arrugado

Nuestro cuerpo fabrica sustancias químicas que dan color al pelo y suavidad y elasticidad a la piel. A medida que envejecemos, dejamos de producirlas. Por eso el pelo se vuelve blanco y la piel se arruga. Las arrugas aparecen donde más has movido la cara. Son como la historia de tu vida.

Cerebros cambiantes

A medida que aprendemos, se forman nuevas conexiones entre nuestras neuronas. Esto es más rápido en los bebés, pero sigue ocurriendo a lo largo de toda la vida: aprendemos nuevas habilidades, como leer, nadar, dibujar o tocar un instrumento, y absorbemos información, como palabras, nombres y números. Los niños y los jóvenes aprenden más rápido y recuerdan mejor las cosas. Con la edad, el cerebro aprende más despacio, pero tiene más conocimientos y sabiduría.

Vivir con el cambio

¿Alguna vez has sentido que no eres la misma persona que hace un año? No solo cambian nuestra edad y nuestro físico. Experimentamos cambios en nuestras vidas sin cesar, y nuestros pensamientos, ideas y sentimientos también se transforman. A veces incluso puede parecer que somos diferentes de un momento a otro.

Las experiencias nos cambian

A lo largo de nuestra vida, aprendemos, crecemos y cambiamos gracias a las cosas que nos ocurren y nos rodean. Las experiencias buenas y malas influyen en nuestra vida. Aprender a nadar, por ejemplo, puede dar un poco de miedo al principio. Lleva tiempo tomar el pulso a eso de flotar y mover el cuerpo de la manera adecuada para no hundirse. Una mala experiencia puede desanimarte durante un tiempo, pero lo mejor es seguir intentándolo. Con el tiempo, ganarás confianza en tus capacidades y podrás desafiarte a ti mismo de nuevas maneras.

Cambiar de opinión

La gente suele cambiar de opinión sobre todo tipo de cosas. Esto puede deberse a que experimentan y aprenden más, o simplemente a que puede haber distintas formas de ver una situación. Escuchar las experiencias e ideas de otras personas también puede hacerte cambiar de opinión, al igual que discutir y debatir sobre distintos temas. Incluso los científicos cambian de opinión cuando encuentran nuevas pruebas. No pasa nada por cambiar de opinión.

Sentimientos pasajeros

Los estados de ánimo y los sentimientos cambian constantemente, a veces de un día para otro o incluso de un minuto para otro. Las acciones más pequeñas pueden cambiar cómo te sientes en cualquier momento: cuando alguien te sonríe, cuando abrazas a una mascota o cuando una nube cubre el Sol. Si lo piensas, solo sentimos algo porque las cosas cambian. Por ejemplo, solo sabes lo que es la felicidad porque no la sientes todo el tiempo.

Aceptar el cambio

Como muestra este libro, el cambio es normal. Estamos rodeados de grandes y pequeños cambios todo el tiempo, y todos pasamos por muchos cambios en nuestras vidas. Sin embargo, el cambio puede ser duro. A algunas personas les da mucho miedo o les resulta estresante. A veces, tan solo deseas que las cosas no cambien.

¿Por qué es difícil cambiar?

El cambio puede ser difícil, incluso si quieres que ocurra. Si no lo quieres, es aún peor. Uno se acostumbra a que las cosas sean como son: el entorno, los amigos y las rutinas diarias. Si alguna de estas cosas tiene que cambiar, te puedes sentir raro e incómodo. Sobre todo si el cambio queda fuera de tu control y tienes que mudarte a otra ciudad, a otro país o decir adiós a alguien a quien quieres.

Afrontar el cambio

En la vida de todos, el cambio se va a producir, de una forma u otra. Aprender a aceptarlo y a hacer los cambios que quieres resulta muy útil. Prepararse y planificar un cambio ayuda a afrontarlo cuando llega. Acostumbrarse a un cambio puede llevar tiempo, pero poco a poco resulta más fácil. Pueden llevarte a nuevos descubrimientos y a lugares que nunca habías imaginado. Y, aunque el cambio puede ser duro, es mucho mejor a que nada cambie nunca.

¿Cuánto tarda un cambio?

Algunos cambios se generan en un abrir y cerrar de ojos, y otros tardan meses, siglos o millones de años. ¡Compáralos de un vistazo!

ÓRBITA DEL SISTEMA SOLAR ALREDEDOR DE LA VÍA LÁCTEA
230 MILLONES DE AÑOS

VIDA DE UNA ESTRELLA
MILES DE MILLONES DE AÑOS

66 MILLONES DE AÑOS
TIEMPO DESDE QUE LOS DINOSAURIOS SE EXTINGUIERON

TIEMPO QUE NECESITÓ EL HIMALAYA PARA FORMARSE
10 MILLONES DE AÑOS

1000 AÑOS
VIDA DE UN ROBLE

TIEMPO QUE NECESITÓ EL AGUA PARA EXCAVAR EL GRAN CAÑÓN DEL COLORADO
6 MILLONES DE AÑOS

300 000 AÑOS
DESDE QUE LOS HUMANOS MODERNOS EXISTEN

ÓRBITA DE LA TIERRA ALREDEDOR DEL SOL

1 AÑO

5 SEMANAS

VIDA DE UNA PEQUEÑA **POLILLA ELEFANTE** ADULTA

ÓRBITA LUNAR ALREDEDOR DE LA TIERRA

24 DÍAS

VIDA MEDIA DE UN **LEOPARDO DE LAS NIEVES**

20 AÑOS

UNA ROTACIÓN COMPLETA DE LA **TIERRA**

24 HORAS

TIEMPO QUE NECESITA LA **MAREA** PARA COMPLETAR SU CICLO

24 HORAS Y 50 MINUTOS

72 AÑOS

VIDA MEDIA DE UN **HUMANO**

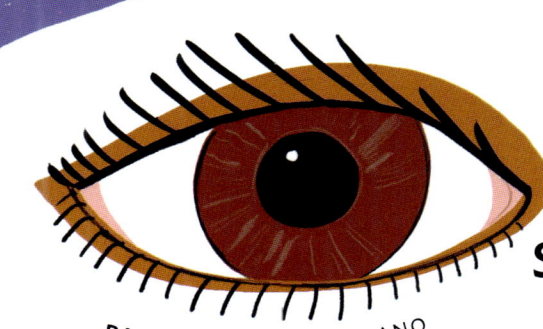

1/10 DE SEGUNDO

PARPADEO DE UN HUMANO

Glosario

AMENAZADA especie vegetal o animal en peligro de extinción debido a las graves amenazas que pesan sobre su hábitat o porque solo quedan unas pocas de su tipo.

ASTEROIDES millones de pequeños objetos rocosos que orbitan alrededor del Sol. La mayoría se encuentra en el cinturón de asteroides, entre las órbitas de Marte y Júpiter.

ATMÓSFERA capa de gases que rodea un planeta o una estrella.

ÁTOMOS partículas diminutas que constituyen los componentes básicos de toda la materia del universo.

CALENTAMIENTO GLOBAL aumento de la temperatura media de la atmósfera terrestre.

CAMBIO CLIMÁTICO cualquier cambio significativo a largo plazo en las condiciones meteorológicas de una región o en toda la Tierra.

CÉLULA la unidad básica de vida de plantas y animales (y de los humanos).

CLIMA condiciones meteorológicas normales de un lugar.

COMETA una gran bola formada por gases congelados, rocas, polvo y hielo que orbita alrededor del Sol.

CORROSIÓN desgaste gradual de la superficie de los materiales (como el metal) por una reacción química causada por su entorno.

DESCOMPOSICIÓN degradación de materia orgánica (como plantas y animales).

DIÓXIDO DE CARBONO gas incoloro e inodoro que exhalan los seres humanos y los animales, y que se forma al quemar combustibles y al descomponerse la materia animal y vegetal. Las plantas absorben dióxido de carbono del aire en la fotosíntesis.

DIURNO que está activo o sucede durante el día, en vez de por la noche.

ECOSISTEMA comunidad de seres vivos y el entorno en el que viven.

EFECTO INVERNADERO cuando los gases de efecto invernadero de la atmósfera terrestre se acumulan en exceso y atrapan el calor, provocan que la Tierra se caliente. Esto provoca el calentamiento global.

ENANA AMARILLA estrella de tamaño medio. Nuestro Sol es una estrella enana amarilla.

ENANA BLANCA restos pequeños y compactados de una estrella muerta.

EROSIÓN proceso por el que la superficie de la Tierra (rocas o suelo) se desgasta por efecto del clima, el agua o el hielo.

ESPECIE un tipo particular de ser vivo.

EVOLUCIÓN proceso por el que los seres vivos cambian y se desarrollan con el tiempo.

EVOLUCIONAR sufrir una evolución, cambiar o desarrollarse poco a poco.

EXTINTO especie de planta o animal que se ha extinguido (ya no existe).

FÓSIL restos o rastros conservados de insectos, animales y plantas muertos que vivieron hace mucho tiempo. El proceso por el que se forma un fósil se denomina fosilización.

FOTOSÍNTESIS proceso por el que las plantas fabrican alimentos a partir de agua y dióxido de carbono.

GALAXIA conjunto enorme de estrellas, sistemas solares, polvo y gas, todos unidos por la gravedad. La galaxia en la que se encuentra nuestro Sistema Solar se llama Vía Láctea.

GASES DE EFECTO INVERNADERO gases (como el dióxido de carbono y el metano) de la atmósfera terrestre que impiden que el calor del Sol escape, atrapándolo en la atmósfera y calentando el planeta.

GIGANTE ROJA una estrella gigante que está cerca del final de su vida, que se ha enfriado y ha aumentado de tamaño.

GRAVEDAD fuerza que hace que los objetos sean atraídos hacia el centro de la Tierra.

HÁBITAT hogar o entorno natural de un ser vivo.

HEMISFERIO mitad de una esfera. La Tierra está dividida en los hemisferios norte y sur por el ecuador.

HIBERNAR largo periodo de sueño profundo que tienen algunos animales cuando hace frío.

LAVA magma que fluye hacia la superficie de la Tierra desde un volcán o una grieta en la corteza terrestre, y que luego se enfría y se endurece hasta convertirse en roca.

MAGMA roca caliente, fundida o parcialmente fundida bajo la superficie terrestre.

MEDIO AMBIENTE entorno o espacio vital de un ser vivo.

METAMORFOSIS proceso por el que pasan algunos animales para transformarse en su forma adulta, por ejemplo, de oruga a mariposa.

MIGRACIÓN movimiento estacional de los animales de un lugar a otro.

NEBULOSA nube de gas y polvo en el espacio.

ÓRBITA movimiento continuo de un objeto alrededor de una estrella o planeta.

ORGANISMO forma de vida (planta, animal, hongo, bacteria) constituida por una o varias células.

OXIDACIÓN cuando una sustancia (como una roca) capta oxígeno.

ÓXIDO material escamoso y marrón que se produce como resultado de la reacción química del hierro con el agua y el oxígeno.

OXÍGENO gas incoloro e inodoro indispensable para la vida de las plantas y los animales, y que constituye aproximadamente el 20 % de la atmósfera terrestre.

PLACAS TECTÓNICAS enormes secciones de roca que forman la superficie de la Tierra.

PTEROSAURIO reptil volador que vivió al mismo tiempo que los dinosaurios.

PUPA insecto que se encuentra en la fase de desarrollo entre la larva y el adulto. Está dentro de una envoltura protectora llamada capullo.

SISTEMA SOLAR el Sol y los planetas que se mueven a su alrededor.

TERÓPODO dinosaurio carnívoro que solía andar sobre dos patas.

TETRÁPODOS animales cuadrúpedos.

UNIVERSO totalidad del espacio y todo lo que contiene.

Índice

A, B
acantilados 30
acuíferos 25
agua 21, 30, 31, 32, 33, 37, 40
agua, ciclo del 24-25
ámbar 27
amonites 26
animales 12, 14, 15, 17, 22, 26, 27, 29, 34-35, 38, 44-45, 47, 48, 49, 50-51, 61
árboles 12, 38-39, 46-47, 60
arcoíris 36, 37
atmósfera 10, 37
átomos 8
bacterias 45, 49
barcos hundidos 28-29
bebés e hijos 54, 55
Big Bang 8-9

C
cambio climático 38, 40-41
cambio, aceptarlo 58-59
cambios de estado 33
cañones 30, 60
carroñero 48
células 50
ciclos vitales 44-45, 48-49
cielo 36-37
compost 49
copos de nieve 33
corteza terrestre 20
crecimiento y aprendizaje 54-55, 56
cuevas 30, 31

D, E, F
día y noche 14-15
diamantes 21
dinosaurios 27, 51, 60
diurno 14, 15
descomposición 48-49
edades de hielo 40
energía 8, 9, 39
estaciones 6, 12-13, 47
estados de ánimo y sentimientos 57
estalactitas y estalagmitas 31
estrellas y galaxias 8, 11, 60
evolución 50-51
experiencias 54, 56, 57, 58
fases lunares 16
fósiles 26-27

G
gargantas 30
gases de efecto invernadero 41
glaciares 32
gravedad 10, 21

H, I
hielo 32
hongos 49
humanos 15, 51, 54-57, 60, 61
icebergs 32
incendios 38
islas 22-23

L, M, N, O
LUCA (*Last Universal Common Ancestor*) 50
Luna 6, 16-17, 35, 61
mareas 6, 30, 34-35, 61
metamorfosis 44-45
montañas 20-21, 32, 60
nieve 32, 37
nivel del mar 40, 41
nocturno 14, 15
nubes 24, 25, 36, 37
olas 30
órbita de la Tierra 10, 12, 61
oro 29
oxidación 28
óxido 28, 29

P, R
piedras de bruja 31
planetas 10-11
plantas 12, 15, 38-39, 41, 46-47, 48
polos norte y sur 32
pozas 34
proceso de combustión 39
radiación de fondo cósmica 9
reproducción 50
ríos 24, 25, 30
rocas 20-21, 23, 30, 31

S
semillas 46-47
Sistema Solar 10, 60
Sol 8, 10, 11, 12, 14, 36, 37, 38, 41, 61
sueño 15
Surtsey 22

T, U, V
tormentas 36, 37
tormentas eléctricas 36, 37
universo 8-9
valles 30
volcanes 22, 23